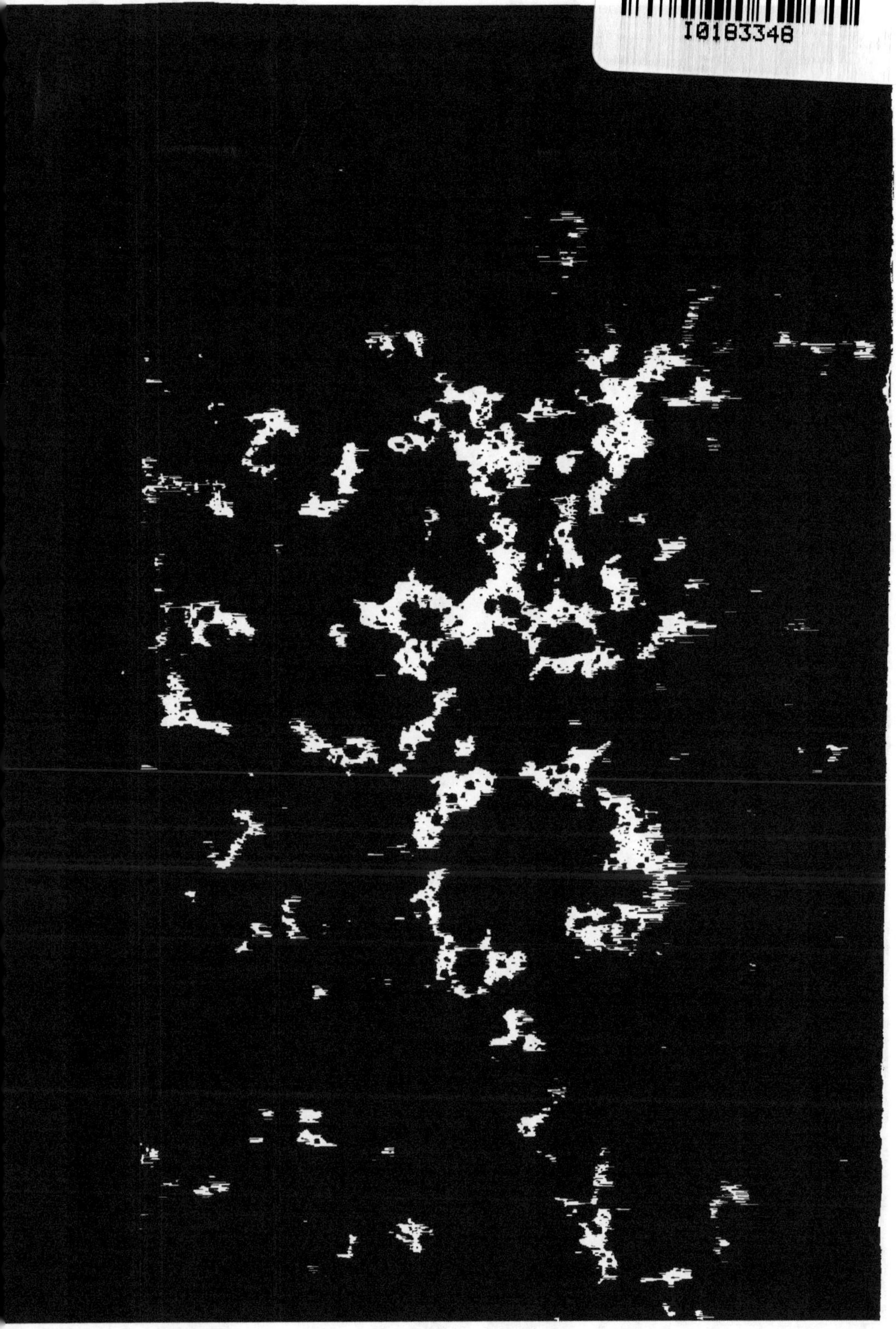

Lb 46/225

A QUI LES BOURBONS
DOIVENT-ILS IMPUTER
LEURS REVERS
DE FORTUNE?

A DIJON,
DE L'IMPRIMERIE DE CARION.

A QUI LES BOURBONS

DOIVENT-ILS IMPUTER

LEURS REVERS

DE FORTUNE?

Par C.-F. RÉAL, du Jura.

S'ils reprennent encor leur course vagabonde,
Et s'en vont, pour cacher leurs affronts éternels,
Chercher une retraite en quelque coin du monde,
N'en connaissent-ils pas les auteurs criminels?

1 FRANC 25 CENTIMES.

A DIJON,

Chez MM. Lagier, Tussa et Gaulard, Libraires.

MAI 1815.

ERRATA.

Page 5, ligne 24, à ces mots : Les Bourbons et leurs partisans n'en doutent pas un instant, *substituez ceux-ci* : Les valets des tyrans n'ont pas là-dessus le moindre doute.

Page 6, ligne 7, qu'elles le croient, *lisez* qu'elles le croyent.

Page 7, ligne 14, héritier, *lisez :* hériter.

Page 15, ligne 12, il a dû, *lisez* il a pu.

Page 29, ligne 14, mettez la virgule après seul.

Page 23, ligne 16, immuabilité., *lisez* immutabilité.

Page 39, ligne 23, au milieu de ces batailles, *lisez* de ces carnages.

Page 40, ligne 12, avec une espérance si facile, *lisez* avec un esprit si facile.

Page 43, ligne 14, Une offense d'ailleurs peut-elle être réparée un autre que par celui qui l'a faite ? *lisez* peut-elle être réparée par un autre que celui qui l'a faite ?

Page 59, ligne 3, après le mot Français, *ajoutez* et dès-lors elle prend un caractère d'invincibilité qui lui donne l'assurance des plus grands succès.

A QUI LES BOURBONS DOIVENT-ILS IMPUTER LEURS REVERS DE FORTUNE ?

L'évènement qui vient de rejeter les Bourbons du trône est d'autant plus surprenant, que, d'après les confidens du ciel, ils n'y avaient été ramenés que par celui qui dispose à son gré des empires.

Il était permis de croire, en effet, qu'après avoir inutilement épuisé, pendant vingt ans, toutes les sortes de tentatives pour reconquérir des droits que le temps semblait avoir rendu sacrés, ils ne ressaisissaient la couronne que par la volonté de cette puissance à laquelle toutes les grandeurs de la terre paient tôt ou tard le tribut de leur hommage.

Mais, aujourd'hui qu'on est détrompé sur cette protection divine, on peut presque assurer que, secondant les vœux des Français, l'Eternel les a lui-même rayés pour toujours de la liste des rois.

Que, chassés de nouveau du trône de la France,
Ils aillent à leur gré, rêvant à leur grandeur,
Contre nous en propos exhaler leur fureur,
C'est un plaisir qu'on doit permettre à leur vengeance.

Nous consentons aussi qu'au fond de leur asile,
Ils prennent tour à tour le titre de nos rois ;
Louis peut le transmettre au doucereux d'Artois :
Ce titre en voyageant ne peut être qu'utile.

Pourquoi leur disputer cet innocent délire,
Si, contens de régner au milieu des forêts,
Ils savent être rois sans avoir de sujets ?
Ne leur envions pas un si plaisant empire.

Mais qu'ils ne viennent plus, ces misérables princes,
Sur la foi des sermens nous préparer des fers :
Leurs perfides calculs les ont trop découverts,
Pour qu'ils puissent encor regagner nos provinces.

C'est bien fini pour toujours, dirait le père Duchêne (s'il vivait encore), ce grand prophète de la révolution ; ils sont descendus du trône : ils n'y remonteront plus.

Consummatum est.

On entend dire, presque par-tout, que les Bourbons ont été rappelés par la nation ; mais c'est une erreur ; et l'affirmer, c'est mentir impudemment à l'univers.

Ils sont venus d'eux-mêmes, sur les derrières des alliés, tenter de ranimer en leur faveur des sentimens que le temps et leur conduite avaient entièrement éteints ; ils ont traité secrétement avec des factieux que le gouvernement avait eu l'imprudence de mettre en état de rivaliser avec le trône.

Ces intrigans, habitués à bouleverser l'état pour agrandir leur fortune, ont cru qu'à l'appui des baïonnettes étrangères, ils pouvaient impunément renverser nos constitutions, et prendre sur eux-mêmes de changer les destinées de la France.

Néanmoins ils ont senti que leurs coupables manœuvres devaient être couvertes d'un voile, et qu'une entreprise aussi périlleuse demandait au moins une espèce de consentement de la nation.

Il fallut donc l'obtenir ; et pour s'en assurer on mit tout en usage : on sema le mensonge dans la capitale ; on exagéra les dangers de la patrie, et par ce moyen criminel on en augmenta les alarmes. Quand on vit le peuple dans l'agitation qu'on avait voulu lui donner, on l'engagea à se prononcer en faveur des Bourbons, et ceux-ci, de leur côté, cherchèrent à le gagner par la séduction de leurs promesses.

Ils annoncèrent l'abolition de quelques impôts et le rétablissement du commerce; ils firent entrevoir aux malheureux une infinité de ressources dans tous les genres de travaux; ils assurèrent enfin qu'on retrouverait avec les descendans de Henri IV ce bonheur qui ne peut exister que sous un gouvernement paternel. C'est en berçant les Parisiens de semblables espérances qu'on les entraîna dans le parti de la révolte, et qu'on leur fit donner la main à l'exécution des desseins les plus perfides.

Qui ne connaît pas les traîtres qui ont été assez lâches pour fonder leur élévation sur l'abaissement de leur patrie? Leurs noms sont écrits dans toutes les têtes, et les pages de l'histoire les retraceront à la postérité, en mettant ces audacieux à côté des scélérats qui ont fait époque dans les annales de notre révolution.

De quel droit ces sénateurs renversaient-ils le gouvernement? Avaient-ils reçu de la nation le pouvoir de la déshonorer et de la vouer à l'infamie? Toutes leurs fonctions ne s'étendaient qu'à veiller sur le dépôt de nos lois; et ces hommes, qui devaient en garantir l'inviolabilité, en détruisirent eux-mêmes l'édifice et nous mirent à la disposition de ces princes que tout porte à considérer comme les ennemis irréconciliables de notre bonheur.

Enfans de la constitution, ils ont massacré leur propre mère; et, dans la persuasion que ce forfait politique pouvait leur procurer quelque gloire, ils s'en sont vantés aux yeux de l'univers, et s'en sont même fait un titre à la reconnaissance nationale.

Diront-ils que c'était pour le bien public? Non : ils ne le diront pas. Ils ont trop montré dans leur projet de constitution la cupidité qui les dévorait; ils se constituaient les seuls héritiers de ce bouleversement : les richesses et les dignités de l'état y devenaient leur partage. C'était donc leur intérêt personnel qui les dirigeait dans cette réforme, et la patrie n'était que le manteau dont ils couvraient leurs démarches ambitieuses.

Les étrangers qui se sont entendus avec eux pour rétablir les Bourbons, avaient-ils quelques droits de nous donner des maîtres? Les Bourbons et leurs partisans n'en doutent pas un instant : mais, s'ils en eurent, ces droits ne pouvaient être fondés que sur la force des baïonnettes; et la raison, qui ne reconnaît que ceux qu'elle a consentis librement, dut les mépriser aussitôt qu'ils furent sans appui : la loi du vainqueur n'a d'autre sanction que la nécessité de céder à la force, et par là même elle reste sans effet du moment qu'il perd son attitude. Les protégés d'Alexandre et du roi d'Angleterre ne pouvaient donc, sous aucun rapport, se croire possesseurs légitimes du trône de la France.

Mais n'en sont-ils pas les héritiers, et peut-on leur contester des droits dont leurs pères ont joui pendant huit cents ans?

Voilà le grand cheval de bataille des royalistes ; voilà le pitoyable langage que tiennent toujours des femmes et d'imbécilles fanatiques qui veulent absolument en faire nos rois légitimes.

Les femmes ont entendu dire tant de fois, et sur-tout à celui qu'elles ont choisi pour leur directeur, que les Bourbons ont sur la France des droits aussi bien établis que ceux d'un fils sur les biens de son père, qu'il n'y a rien d'étonnant qu'elles le croient; plusieurs raisons les y engagent : on vit d'ordinaire dans la foi de ses pères, et les leurs en mourant emportaient la ferme persuasion que les descendans de saint Louis sont nés les maîtres de la France.

Il est également assez d'usage de s'abandonner aux conseils de celui qui a notre confiance; on s'y livre d'autant plus aisément que tout écarte en lui les soupçons de l'erreur. Les femmes, qui ne marchent que sur les pas de leur guide, sont donc bien excusables d'avoir une telle opinion.

Mais que de pointilleux ergoteurs viennent encore nous débiter de pareilles impertinences, c'est ce qu'on a de la peine à concevoir aujourd'hui.

Abordons la question, et voyons si elle est soutenable.

Qu'entend-on par héritier du trône? On entend sans doute que l'on hérite aussi du peuple, puisqu'un trône sans sujets ne serait qu'une chimère. On veut donc dire que nous ne sommes que de misérables esclaves destinés à servir d'aliment à l'orgueil de nos maîtres; que, criminels ou vertueux, il faut qu'on les révère.

On veut donc dire que ces êtres, d'une nature particulière, peuvent disposer de nos fortunes et de nos personnes : de nos fortunes, en les imposant à leur gré, et de nos personnes, en nous faisant servir d'instrument à leurs fureurs.

On veut donc dire que cet assassin couronné, qui de son Louvre tirait sur ses malheureux sujets, devait être respecté sur le trône tout aussi bien que ce père du peuple, dont le nom est encore si cher aux Français; tout aussi bien que ce roi, qui disait, en faisant passer des vivres à ceux qui ne voulaient pas le reconnaître :

Et si trop de pitié me coûte mon empire,
Que du moins sur ma tombe un jour on puisse lire:
Henri, de ses sujets ennemi généreux,
Aima mieux les sauver que de régner sur eux.

Henr.

Quelle est l'ame assez basse, quel est le fourbe assez déhonté, pour soutenir que Titus et Néron, Marc-Aurèle et Caligula, avaient les mêmes prétentions au respect des mortels?

Ah! oui : le bon Henri IV avait des droits à l'amour et à la fidélité des Français; mais l'infame Charles IX n'en avait qu'à leur vengeance.

Si les droits que s'arrogent les souverains étaient impérissables, il n'y aurait sur la terre aucun frein pour les monarques brigands; car, s'il était permis de les arrêter dans leurs fureurs, il faudrait admettre une autorité supérieure qui pût empêcher les abus et mettre des bornes à leur puissance.

C'est cependant ce que les antilogiciens royalistes ne veulent pas accorder. Selon ces fondateurs de monarchie, on doit attendre la répression des abus de ceux même qui chaque jour prennent plaisir à les étendre. C'est le langage que naguère tenait encore un ex-conventionnel dans un cabinet littéraire de Dijon.

Mais c'est trop long-temps s'arrêter sur des choses qui choquent la raison. Est-ce au peuple le plus éclairé du monde, que l'on prétend faire entendre qu'il est le patrimoine d'une famille proscrite, et qu'il doit éternellement ramper sous des maîtres que l'aveugle destin a mis à la tête de son gouvernement? Pour adopter des idées aussi extravagantes, il faut ou n'être jamais sorti de l'abrutissement du despotisme, ou avoir abjuré en sa faveur l'usage entier de sa raison.

Quand un peuple se choisit un chef, comme l'ont fait nos ancêtres, il en fixe sans doute la puissance, parce que les devoirs des sujets se règlent sur l'étendue des pouvoirs du monarque, et qu'il faut que l'on connaisse des deux côtés les obligations qu'on s'impose.

On sent aisément que, dans une pareille convention, les droits du chef ne sont assurés qu'autant qu'il respecte lui-même les droits de ceux qui se mettent sous ses ordres; nous vous reconnaissons, lui dit-on, à la condition que vous tiendrez envers nous telle conduite, et vos droits n'auront d'autre garantie que la fidélité même que vous mettrez à la suivre.

En revêtant un homme de l'autorité suprême, on ne s'ôte pas la faculté de la lui retirer s'il en abuse (la conduite des Français envers Louis XVIII le prouve évidemment); autrement, on se condamnerait d'avance, et sans rappel, à tous les maux qu'une erreur imprudente pourrait entraîner, puisqu'on ne serait plus libre de se soustraire à une autorité qui ne laisserait entrevoir que des malheurs.

L'infraction du sujet n'entraîne que la peine indiquée par la loi, parce que le chef a toujours les moyens de punir les infracteurs; mais l'infraction du monarque rompt évidemment le pacte social lui-même; il n'existe contre lui aucun moyen répressif : la seule peine qu'il encourt, c'est de perdre ses droits.

Tous ces arrangemens, comme on le voit, ne se font que pour le plus grand avantage de tous; et c'est là le but essentiel qu'ils doivent toujours avoir.

Il faut donc en conclure qu'on peut les changer quand ils ne donnent plus le résultat qu'on en attendait; car il est évident qu'on ne peut pas être obligé de conserver des lois qui sont devenues contraires au bonheur. Le peuple a donc nécessairement le droit de modifier sa constitution, et de l'adapter à la marche des temps.

On en inférera peut-être, que si un pareil droit existait, les états seraient exposés à chaque instant à des révolutions, et qu'il n'y aurait aucun gouvernement stable dans le monde.

Une telle conséquence ne serait pas fort séduisante; parce que la réforme de quelques lois n'entraîne pas toujours avec elle ces débats sanglans dont on veut parler.

D'ailleurs, quand cet inconvénient serait inévitable, ce ne serait pas encore une raison pour perpétuer les malheurs de tout un peuple.

Les états ne seraient exposés à des troubles révolutionnaires qu'autant que les gouvernemens s'opposeraient à ce qu'on réformât les abus, et dans ce cas là ils seraient évidemment les ennemis du bonheur général : mais alors la nation ne pourrait faire que de louables efforts pour les rappeler à la raison, ou pour s'en débarrasser, si c'était le dernier moyen qui restât en son pouvoir. Toutes les fois qu'un souverain voudra le bien de son peuple, il en écoutera les représentations, et cette conduite paternelle lui garantira l'attachement de ses sujets.

Son trône, loin d'être agité par des tempêtes politiques, comme on le prétend, n'en sera que mieux affermi, puisqu'il aura pour soutien la masse entière de la nation.

Sous tous les rapports, il est donc incontestable que le peuple peut changer lui-même ses lois, quand l'expérience en a fait sentir la nécessité. C'est une vérité qu'il n'est plus permis de méconnaître, et qui, comme les rayons du soleil, parcourra successivement toutes les parties du globe. Mais en ceci les faits viennent encore à l'appui de la raison. Dans les commencemens de la monarchie, les grands intérêts de la nation n'ont jamais été réglés sans elle; l'histoire prouve que les premiers rois n'avaient pas sur le peuple cet empire despotique que s'arrogeaient les Bourbons. Pourquoi donc aujourd'hui un monstre ou un imbécille (car il en naît sur le trône comme ailleurs) aurait-il le droit affreux de régler notre destinée, et de nous préparer chaque jour de nouveaux malheurs?

Ne serait-il pas étonnant qu'en se nommant un chef, on eût laissé le champ libre à tous ses caprices, et que, si l'on comptait sur sa prudence, on s'en fût également rapporté à celle de son successeur que l'on ne connaissait pas?

S'il arrivait qu'un de ces despotes, à la discrétion desquels on voudrait nous livrer, s'avisât, comme cet autre fou des bords du Nil, de nous faire prendre un bain dans les flots de la mer, croit-on qu'il se déclarât beaucoup de monde pour cette puissance illimitée des rois?

On fera bien aux Egyptiens l'honneur de croire que, s'ils avaient connu le danger auquel les exposait leur imbécille et furieux conducteur, ils n'auraient pas poussé la complaisance pour sa majesté royale jusqu'à se faire tous dévorer par les poissons de la Mer-Rouge. On est donc forcé de convenir qu'en se mettant sous la direction d'un homme, on en détermina toujours les pouvoirs.

D'insensés politiques viennent cependant nous dire que ce sont les rois qui doivent donner des constitutions aux peuples, comme si les nations n'existaient que pour les plaisirs de ces prétendus maîtres du monde.

Comment un monarque qui n'a presque rien à desirer, qui voit tout autour de lui s'empresser à lui plaire, peut-il connaître les besoins de son peuple? Comment celui que ne peut atteindre aucune loi, saura-t-il que la plus grande partie de ses sujets n'est pas froissée par celles qu'il leur donne?

S'il les fait seul, elles ne peuvent être qu'injustes et conséquemment révoltantes, puisqu'elles ne sont que dans les vues de son ambition, ou dans les intérêts de ceux qui auront eu assez de crédit pour les lui arracher : les inconvéniens qu'elles entraînent ne peuvent être sentis que par ceux qu'elles sont destinées à régir. Il faut donc absolument qu'elles soient faites par la nation même.

Quand les Bourbons étaient reconnus par la nation, ils en étaient les vrais souverains. Tant qu'ils ont paru s'occuper du bonheur public, on a dû les respecter comme les chefs de l'état; mais, dès que le peuple s'est aperçu que sous leur gouvernement ses maux étaient à leur comble, il a pu dire ou que ses institutions étaient vicieuses, ou que ses gouvernans en abusaient pour satisfaire leurs passions : le besoin de soulager ses peines a dû lui faire chercher la réforme qu'exigeait son gouvernement. De plus, si le prince s'opposait à sa régénération politique, et devenait un obstacle à sa félicité, il a dû incontestablement lui retirer son mandat et lui ôter la direction de ses affaires. C'est précisément ce qu'il a fait en 1792, quand, par un décret solennel, il a prononcé l'abolition de la royauté.

Dès ce moment, le droit de le régir n'a appartenu qu'à lui-même ou qu'à celui qu'il a rendu dépositaire de son autorité; et les Capets ont été replacés dans la classe des simples citoyens.

Si, pour réclamer des droits chimériques, ils étaient venus troubler la tranquillité de l'état, ils n'auraient pu être considérés que comme des factieux contre lesquels on aurait dû invoquer toute la sévérité des lois.

On a cependant, dit-on, respecté pendant des siècles entiers l'hérédité du trône. Oui; mais c'est uniquement parce qu'on n'avait pas d'assez fortes raisons pour changer l'ordre établi, ou que, préférant les maux que l'on endurait aux malheurs incalculables que peut amener la subversion d'un état, les fils ratifiaient, du moins tacitement, l'engagement qu'avaient contracté leurs pères.

Conclura-t-on de ce qu'on a souffert long-temps des abus qui s'accroissaient sans cesse, que le peuple n'avait pas le droit de remédier à ses maux, et qu'il devait souffrir patiemment jusqu'à ce qu'il plût à ses maîtres de les rendre plus supportables?

C'est bien là ce que l'on desirait; et, si le peuple avait eu le dessous, son arrêt était porté : il fallait tendre le dos et courber la tête. S'il marche le front levé, il ne le doit qu'à la brillante énergie qu'il a déployée devant ses maîtres superbes; ils le croyaient fait pour toujours ramper, et ce peuple, indigné de sa misère, s'est à la fin lassé de sa servitude; il a senti que, pour recouvrer son indépendance il ne lui fallait que le courage de les combattre.

Cette réflexion a été le signal de son

affranchissement, et la proscription des tyrans; à leur empire on a voulu substituer celui de la justice : cet arrangement n'a pu leur convenir. Ils ont voulu conserver des priviléges outrageans, et le misérable peuple, excité par la légitimité de ses réclamations, s'est montré dans toute sa force. C'est alors que ces lâches oppresseurs ont laissé voir, par leur fuite, combien sont méprisables les prétentions de l'orgueil. Si la vanité n'avait pas étouffé chez eux la raison, ils auraient senti qu'un ordre de choses qui reposait sur tant d'injustices, ne pouvait pas durer toujours, et que tôt ou tard il finirait par soulever les nations; ils auraient, en conséquence, évité cette tempête qui a renversé leur empire et porté la terreur du nom français jusqu'aux extrémités de la terre.

Mais que pouvait-on espérer de ces hommes qu'un exil de vingt ans n'a pu dépouiller des préjugés ridicules qui entourèrent leur enfance au pied du trône; de ces hommes qui ne croiront jamais que leurs pères ont été confondus dans la foule, avant que les distinctions de l'orgueil ne les eussent placés sur une ligne séparée; de ces hommes qui ont l'imbécillité de s'annoncer comme envoyés du ciel pour gouverner le troupeau de Pharamond? Il semblerait, à les entendre, que la nation française n'a été créée que pour donner un peuple à la famille des Bourbons.

Qu'étaient donc les premiers rois avant qu'on les élevât au trône, et qu'un choix heureux distinguât ces enfans de la fortune de leurs semblables?

Le premier qui fut roi fut un soldat heureux :
Qui sert bien son pays n'a pas besoin d'aïeux.
Volt.

Si ces hommes qui n'ont rien oublié avaient pu apprendre quelque chose, ils auraient su qu'autrefois on portait sur de grands boucliers ceux qu'on élisait, et que c'était par ce moyen qu'on faisait connaître ceux que l'on élevait au rang suprême; ils auraient donc su que ces rois ne tenaient leur grandeur que de la préférence que leur donnaient ceux qui se rangeaient sous leurs bannières.

Mais, quoi! n'a-t-on pas toujours dit qu'ils avaient reçu leur pouvoir du ciel, et Louis XVIII ne s'annonçait-il pas, comme ses ancêtres, roi de France, par la grâce de Dieu?

On l'a dit assurement, et quantité d'impudens l'ont même tant répété, que le peuple crédule avait fini par le croire. Voilà ce qui a précisément étendu le bandeau sur tous les yeux, et qui a fait conserver un respect stupide à cette foule de monstres qui sont venus de temps en temps ravager la terre.

Mais, sans rien savoir, la raison seule ne dit-elle pas qu'on ne peut être le maître des autres qu'en s'emparant malgré eux du commandement, ou qu'en le recevant de leur confiante générosité. Dans le premier cas, on ne peut être qu'un usurpateur qui dégénérera bientôt en tyran ; et, dans le second cas, seul on est souverain légitime, et l'on ne tient ses droits que de l'aveu du peuple.

Examinons un instant la marche qu'on a suivie pour établir cet odieux préjugé.

On se rappelle qu'autrefois les rois ne décidaient rien d'important sans avoir consulté la nation, de qui ils reconnaissaient tenir toute leur puissance. Ce n'est donc que par la suite qu'empiétant insensiblement sur les droits des peuples, leurs successeurs se sont avisés de méconnaître l'origine de leurs pouvoirs, et qu'à l'appui des forces confiées entre leurs mains, ils ont établi ces priviléges que la raison révoltée est enfin parvenue à détruire.

Pour mieux réussir dans leur projet d'asservir les peuples, les rois se donnèrent un appui. L'ambition du trône s'associa avec le fanatisme de l'église; celle-ci était pauvre à sa naissance : elle convoitait des richesses, et personne ne pouvait mieux que les rois satisfaire son avidité. Elle s'environna donc des grands, se montra complaisante pour eux; et bientôt, si elle avait pu mettre un terme à ses desirs, elle eût été contente. Les souverains lui prodiguèrent les biens et les honneurs, et par reconnaissance elle leur donna l'oint du seigneur. Une protection décidée fut le prix d'une Sainte-Ampoule, avec laquelle on leur mit sur le front le titre sacré de roi de France, par la grâce de dieu.

Les prêtres, qui alors étaient presque les seuls qui possédassent quelque connaissance, avaient un si grand empire sur les ames, qu'ils gouvernaient toute la multitude; ne parlant qu'au nom du ciel, qu'ils faisaient agir selon leurs caprices, ils amenaient aisément leurs ouailles stupides à les en croire sur parole : la seule difficulté de les démasquer composait tout le charme qui attirait dans leur piége.

Les prêtres ne sont point ce qu'un vain peuple pense,
Notre crédulité fait toute leur science.
OEdipe.

Dans ces temps où un pontife, tout orgueilleux du pouvoir qu'on avait la simplicité de lui reconnaître, disposait des trônes au gré de ses fureurs ; où sa troupe fanatique persuadait à l'innocence qu'il avait le privilége exclusif d'ouvrir ou de fermer les portes du ciel ; où enfin l'imagination prévenue n'apercevait par-tout que des prodiges, il ne fut pas difficile de faire croire que c'était Dieu et non les peuples qui faisait les rois.

On le crut donc ; et les subtiles imposteurs qui avaient mis le genre humain dans leurs filets, firent entendre à toutes les bouches béantes que la providence avait ainsi réglé les choses pour la tranquillité du monde et le bonheur même des nations. Ce bonheur ne venait pas souvent, et les nations se troublèrent quelquefois : ce qui fit dire aux impies que, si l'auteur de la sagesse s'était proposé dans ses règlemens de semblables buts, il n'était pas plus exempt d'erreurs dans ses calculs que les plus insensés des hommes. Mais ceux-là étaient en petit nombre (l'espèce humaine n'était pas si corrompue qu'elle l'est aujourd'hui, à ce que l'on dit), et la multitude, qui ne vise qu'au bonheur qu'elle ne connaît pas, se livra au charme de ces paroles consolantes : *Beati qui non viderunt et firmiter crediderunt. Alleluia.* Heureux ceux qui croient tout ce qu'on leur raconte ! *Alleluia, alleluia,* que tout le monde traduit à la campagne aussi bien qu'à la ville.

Ce principe établi, on en conclut aisément que, bons ou mauvais, on devait respecter les rois jusque dans leurs fureurs. De là naquit cette inviolabilité qui leur rendit la voie du crime si facile, et qui fit croire que leurs droits étaient imprescriptibles.

Mais cette doctrine est un peu en contradiction avec ces livres saints qui prodiguent des éloges aux assassins des rois, et qui même vont quelquefois jusqu'à faire un devoir du régicide.

Pensera-t-on que les prêtres ne connaissaient point ces livres-là ? Non certainement ; personne ne les lisait plus qu'eux : il faut seulement en conclure que ce n'est pas dans ces sources sacrées qu'ils puisent les principes de leur conduite, et qu'ils n'ont inventé ces origines célestes que pour présenter un appât plus séduisant aux sots.

Quand ces rusés docteurs disaient que les rois avaient été institués par Dieu, ils entendaient sans doute parler du dieu des armées, qui de fait justifie seul les droits des souverains. Si, comme le prétendent ces vérificateurs de titres, les rois avaient une mission divine, ce Dieu de paix et de bonté tiendrait envers nous une conduite assez bizarre, en établissant deux monarques sur le même trône; il nous exposerait à des malheurs qui ne donneraient pas la plus haute opinion de l'immuabilité de sa sagesse.

Par quel caprice, en ramenant notre auguste empereur au milieu d'un peuple qui le chérit, renverrait-il d'une manière honteuse le premier objet de sa prédilection?

Dira-t-on qu'aux yeux de Dieu, Napoléon n'est pas notre chef? Nous répondrons que cependant son vicaire, qu'ils déclarent infaillible, l'a reconnu et sacré lui-même, et qu'étant approuvé de Dieu et des hommes, il doit être mieux établi que Louis XVIII que rejettent les Français, et que le ciel abandonne.

On ne peut donc pas, sans faire un outrage à la divinité même, soutenir une pareille opinion. Quand la Sorbonne décidait qu'on pouvait égorger son roi, quand un prêtre en furie proférait en chaire ces paroles séditieuses :

Exoriare aliquis nostris ex ossibus ultor,
Qui face Valesios ferroque sequare tyrannos!

(qu'il se montre parmi nous un vengeur qui, le fer et la flamme à la main, poursuive les Valois nos tyrans!); quand ces frénétiques répandaient ainsi leurs fureurs jusqu'au milieu des temples, croyaient-ils que les rois sont les envoyés de Dieu sur la terre? Non, ils ne le croyaient pas : mais, qu'importe? toute marche leur convient quand elle les conduit à leur but. Remarquant ce qu'ils avaient fait pour les rois, et surpris des richesses immenses qu'ils avaient obtenues, ils sentirent qu'il leur était facile d'aller encore plus loin, et qu'avec un esprit entreprenant, ils finiraient peut-être par surpasser leurs protecteurs. Le succès ne justifia que trop leurs coupables espérances : les successeurs d'un apôtre qui n'avait pour toute fortune qu'un sac et un bâton, eurent bientôt des palais et des couronnes.

L'imposture et l'erreur furent encore les moyens qu'ils employèrent ; mais, pour qu'un saint respect captivât mieux la raison qui d'un moment à l'autre pouvait détruire leur empire, ils lui donnèrent cette fois un caractère plus imposant. Toute la terre ne retentit que de miracles; on supposa des révélations, on fit parler des oracles, qui déterminèrent promptement la faiblesse chancelante de la foule servilement docile. Pour augmenter cette stupeur religieuse, on représenta le Dieu des humains violent et terrible ; et le pécheur dit à la bonté même : *Ne arguas me in furore tuo.* Ne me jugez pas dans votre fureur.

On lui donna toutes les passions dont on était animé, et la fureur de l'église le peignit armé de vengeance contre quiconque ne croirait pas qu'elle était l'interprète de ses volontés. S'il fallait mettre un air de vraisemblance dans ce qu'ils annonçaient, ils citaient aussitôt quelqu'exemple qui pût séduire. Un monarque qui avait humilié la cour de Rome, succombait-il sous le fer d'un forcéné ? c'était, à les entendre, le Tout-Puissant qui avait puni lui-même le coupable ; et, pour entraîner plus aisément la crédulité du peuple, ils feignaient d'en être convaincus eux-mêmes.

A force de religion, ils étouffaient la morale, et tournaient souvent en férocité le zèle des chrétiens qui s'abandonnaient à leur discrétion.

Ne les a-t-on pas vus parmi nous égorger les malheureux protestans, et brûler ailleurs des infortunés dont tout le crime était de n'avoir pas trahi leur conscience pour adopter les innovations de leurs persécuteurs?

Ne les voit-on pas encore aujourd'hui, ces hommes pieusement barbares, rallumer chez nos voisins leurs fureurs fanatiques, et répandre une sainte terreur en redressant leur tribunal de sang?

Leurs prétentions sont heureusement détruites pour long-temps en France; ils ne nous remettront pas de sitôt dans leurs fers; si leur roi avait pu consolider son trône, ils auraient probablement ressaisi tout leur empire : et l'église militante triompherait encore de toute l'énergie qu'on a déployée contre elle depuis vingt-cinq ans.

La religion, qui dans la tempête se sépare quelquefois de la tyrannie, sait bien s'en rapprocher quand il s'agit de nous asservir. (Qu'on ne s'y trompe pas : la religion est mise ici pour ses ministres). Si le ciel n'eût veillé sur les jours du grand Napoléon, nous allions retomber sous le despotisme affreux de la noblesse et du clergé ; mais l'une est détruite, et l'autre est méprisé : son charlatanisme a perdu tout son attrait.

La raison de notre siècle n'est pas aussi confiante que celle des temps faciles où ils fondèrent leur empire ; elle veut tout voir par elle-même, et, pour mieux s'assurer de la vérité dans sa recherche, elle remonte jusqu'à l'origine des faits : c'est en se conduisant ainsi qu'elle s'aperçoit que l'édifice de l'orgueil ne s'est élevé que sur l'abaissement des peuples, et que c'est à la crédulité de nos pères que nos maîtres spirituels et temporels ont dû tous leurs succès.

Mais convenez au moins, nous dit-on, que les Bourbons avaient été reconnus par toute la France. Nous en convenons aisément ; et, s'ils vont encore exposer leur grandeur ridicule à la risée des nations, ils ne le doivent qu'à leur orgueilleuse ineptie, car rien n'était plus facile que de se conserver sur le trône : mais, quand un aveuglement fatal les aurait entraînés irrésistiblement à leur perte, ils ne se seraient pas jetés plus rapidement dans l'abîme. Tout faisait un devoir à ces princes de se concilier l'esprit du peuple et de l'armée, de s'annoncer par quelques actes que l'on pût considérer comme les garans de cet avenir heureux dont ils flattaient toutes les espérances.

Il fallait nous tromper agréablement en justifiant cette opinion naissante que chacun desirait pouvoir conserver sur leur compte : ils n'avaient pour tout titre que l'espoir qu'ils faisaient naître.

L'empressement qu'ils avaient mis dans leur fuite dès les premiers orages de la révolution, la lâcheté avec laquelle ils avaient abandonné l'infortuné Louis XVI, le rôle obscur et perfide qu'ils avaient joué chez l'étranger depuis cette époque, n'étaient pas des souvenirs qui parlassent fortement en leur faveur.

Ce n'était que par les vertus qu'on se plaisait à leur donner qu'ils pouvaient nous attacher à leur fortune ; on n'était pas allé les chercher ; et, quoiqu'alors nous eussions peut-être le desir de respirer sous un gouvernement plus tranquille, aucun sentiment néanmoins ne dirigeait notre espoir vers ces princes ; ils ont profité du moment de notre détresse pour venir répandre parmi nous des proclamations insidieuses, et tenter de nous séduire par l'espoir d'un bonheur qu'ils n'avaient point envie de nous procurer ; nous ne les avions reçus que parce qu'il n'avait pas dépendu de nous de les refuser. Nous flottions entre la crainte et l'espérance, et leur conduite seule pouvait déterminer l'incertitude qui suspendait encore tous les cœurs. Par la maladresse la plus inconcevable, ils les ont entraînés vers ce génie tutélaire qu'on accueille par-tout avec les transports de l'alégresse. Ce n'est donc pas une coupable inconstance qui nous a dirigés dans la conduite que nous avons tenue avec eux. On va voir que nous avions les plus fortes raisons de souhaiter leur expulsion définitive.

Eh ! quoi ? n'ont-ils pas donné la paix qu'on aurait vainement espérée sous Napoléon ?

Oui, ils ont donné la paix : mais une paix humiliante qu'ils ont achetée par les plus grands sacrifices, qu'ils ont payée d'un quart de notre territoire et de la plus belle partie de notre marine ; avec cette paix, ils nous ont apporté la misère et le déshonneur.

Depuis leur rentrée, les travaux ont cessé de toutes parts ; l'ouvrier s'est trouvé sans ressources; le commerce de l'intérieur a été moins actif que jamais, et les denrées ont été à si bas prix, que le cultivateur s'est trouvé dans l'impossibilité de payer d'énormes contributions et de suffire à ses premiers besoins. Voilà l'heureux changement qu'a produit le retour des Bourbons.

Pour avoir quelque chose à leur disposition, et figurer encore sur un beau théâtre, ils n'ont vu dans leur traité avec les puissances, que les avantages qui pouvaient en résulter pour leur famille; offensés d'une gloire à laquelle ils n'avaient eu aucune part, ils avaient éloigné tout ce qui pouvait en rappeler le souvenir; dirigés par ce détestable motif, ils s'étaient empressés de rendre toutes nos conquêtes, et s'efforçaient de détruire ces nobles sentimens qui nous avaient placés avec orgueil à la tête des nations : ne pouvant s'élever à la hauteur de leur peuple, ils cherchaient à l'avilir pour effacer le contraste humiliant de sa gloire avec leur bassesse.

Jetons un coup d'œil sur chacun d'eux en particulier, et voyons s'ils ne se sont pas eux-mêmes attiré le revers accablant qui les réduit à prendre encore une fois le parti de la fuite la plus honteuse.

L'astucieux comte d'Artois, pour surprendre plus aisément la crédulité du peuple, avait promis l'abolition des droits réunis, et l'un des premiers actes de la royauté a été de consacrer cet impôt ; quantité de malheureux qui avaient cru pouvoir compter sur la parole des rois, ont voulu s'opposer au rétablissement de ces droits, dont l'exercice avait été suspendu quelque temps, et, pour avoir montré de la confiance dans ces promesses trompeuses, on les a jetés dans des prisons, d'où ils ne sont sortis qu'après avoir subi les épreuves humiliantes d'un jury sévère.

Voilà déjà une partie de ce bonheur qu'au nom de son frère le comte d'Artois promettait à tout le monde. C'est, comme on le voit, par la plus indigne perfidie qu'ils ont fait les premiers pas vers les marches du trône.

Ce même homme, qui avait tant promis de respecter notre constitution, ne l'a cependant reconnue qu'au dernier moment, lorsqu'il croyait encore que cette démarche hypocrite pourrait lui ramener des cœurs qu'il avait perdus pour toujours. Pouvait-il croire qu'en affectant un dévouement qu'il n'avait pas, il nous abuserait une seconde fois, et nous ferait servir au triomphe de sa politique infernale ?

L'un de ses fils, le duc d'Angoulême, a joué parmi nous un rôle si insignifiant, que son plus bel éloge est l'indifférence même qu'il nous inspire.

Nous ne parlerons pas de même du duc de Berry : sa morgue insolente a bientôt justifié l'opinion défavorable qu'on en avait conçue. Cet orgueilleux proscrit, que les Anglais mêmes n'avaient pas voulu admettre dans leurs rangs, a osé insulter et dégrader de braves militaires que la gloire nationale faisait un devoir à tout le monde de respecter; il a cru, ce misérable prince, qu'il était en son pouvoir de flétrir des lauriers qui accusaient la lâche oisiveté de sa vie. Se sont-ils figuré, ces hommes arrogans, que les rêves de leur naissance peuvent les autoriser à humilier la fierté de tout un peuple? Qu'ils sachent que l'honneur est un sentiment trop impérieux chez les Français, pour qu'on l'attaque impunément !

La révolution a donné à toutes les ames une teinte de noblesse et de grandeur qu'essaieraient en vain d'effacer aujourd'hui les efforts criminels du despotisme.

Les prodiges qu'ont enfantés les temps de la république, ont fait connaître jusqu'au fond des hameaux ce que peut produire l'ivresse de la gloire soutenue par l'amour de l'indépendance. Le Français d'aujourd'hui n'est pas l'homme du douzième siècle: il a d'autres mœurs; il lui faut d'autres lois.

Voilà ce que ne peut admettre l'esprit corrompu des Bourbons, que la nature a condamnés à croupir éternellement dans leurs détestables préjugés

Si leurs adhérens, ces satellites de la tyrannie, revenaient encore tenter, par de coupables efforts, de nous remettre dans les fers, le peuple, toujours invincible quand il combat pour sa liberté, dirait cette fois à cette caste maudite et présomptueuse:

On sait ce que je puis, on verra ce que j'ose:
Je deviendrai barbare, et toi seul en es cause.
Mort de César. (VOLT.)

On se plaint quelquefois de la férocité du peuple: mais ne prend-on pas tous les moyens d'exciter sa fureur? On veut qu'il rampe servilement sous des êtres que sa raison lui désigne comme ses égaux; on veut que, pour être dans le sein de l'église, hors de laquelle il n'y a point de salut, il reconnaisse aveuglément que tous ceux qui se disent ses maîtres, ont été institués par Dieu même; en un mot, on veut qu'il se résigne à n'être sur la terre que l'instrument des passions de ses tyrans, et ce peuple, qui a déjà souffert trop long-temps, veut enfin savoir s'il ne doit pas y avoir de terme à ses peines. Dans l'examen qu'il fait de sa condition, il reconnaît la perfidie de ceux qui l'ont abusé; il se retrace la longue suite de ses maux : le souvenir de ses outrages allume sa colère, et, dans les justes transports qu'il éprouve, il se livre à une épouvantable vengeance. La crainte que ses oppresseurs ne reprennent le dessus, la certitude que dans ce cas là ils redoubleraient de cruautés, le portent à des extrémités terribles : mais tout cela n'est-il pas l'effet de la conduite affreuse que l'on a tenue envers lui?

La nature a mis incontestablement des différences entre les hommes : l'un est sans courage, stupide ou contrefait; l'autre est brave, ingénieux ou superbe.

Mais, outre ces différences qu'elle indique d'une manière si visible, il en est encore d'autres que les sociétés elles-mêmes ne sauraient méconnaître. Des inventeurs, par d'importantes découvertes, rendent des services signalés à leurs semblables ; d'autres génies, par un dévouement sans exemple et des faits étonnans, illustrent leur pays. Ces phénomènes méritent à coup sûr quelque reconnaissance publique. Mais étendre sur un fils qui n'aura pour partage que des bassesses, la récompense de la vertu, c'est évidemment prostituer le signe de l'honneur et l'avilir, en lui ôtant tout le prix que lui attachait l'admiration : celui qui pendant vingt ans enchaîna la victoire, a surement plus de droit à mon hommage que ceux qui n'ont pour toute recommandation que les titres offensans de leur naissance.

Et de fait, est-ce aux lauriers de la victoire que l'on peut décemment opposer de vieux parchemins rongés depuis quatre cents ans par les vers ?

Ce duc de Berry était donc bien méprisable quand il outrageait d'honorables guerriers, qu'avait tant de fois respectés le sort des combats.

Le seul de ces fugitifs qui ait peut-être laissé quelques regrets dans la nation, c'est celui qui fut un moment notre roi. Pour le juger avec impartialité, il faut chercher dans ses actions mêmes les motifs de l'opinion que l'on veut en conserver.

On croyait que l'âge et les malheurs l'avaient dépouillé de ces préventions si funestes sur le trône, et qu'il ne ferait pas rétrograder la raison en insultant à la justice.

D'après toutes les assurances que l'on donnait de ses vertus, on ne pouvait pas, sans manifester une inquiétude outrageante, répandre des soupçons sur son compte. Sa conduite seule pouvait nous apprendre si l'opinion qu'on en donnait n'était pas l'ouvrage de la flagornerie.

Voyons donc, dans le règne éphémère de Louis XVIII, ce que l'on doit penser de ce roi que l'on appelle *le Salomon du dix-neuvième siècle*.

A peine est-il à la tête du gouvernement, qu'il nous ramène ces vieilles formules à demi-barbares avec lesquelles on préparait autrefois l'avilissement des peuples.

Sans aucun égard pour nos constitutions, il se compose lui-même ses titres, et les fait descendre du ciel, pour que désormais nous n'ayons plus de raison de les lui contester.

Il se dit roi, simplement par la grâce de Dieu. On voit par là le peu de cas qu'il faisait de la nation, puisqu'il ne voulait pas même qu'elle entrât pour quelque chose dans son rétablissement. Croyait-il de bonne foi, ce prince impudent, qu'un ange exterminateur fût descendu du ciel pour le rétablir sur son trône, si les alliés ne l'avaient pas ramené? Il se croit donc bien important, pour entretenir l'orgueilleuse pensée que le Grand-Être prend un soin particulier de sa gloire et de sa fortune; il sourit probablement, ce Dieu d'équité, à cette volonté ferme des peuples qui chassent au moins les rois de la terre s'ils ne les font pas.

Il n'avait que l'autorité que lui accordaient nos lois, et ne régnait qu'en vertu de nos constitutions. Cependant c'est au régent d'Angleterre qu'il fait honneur du recouvrement de sa couronne : c'est bien nous dire, avec la modestie ordinaire des Capets, qu'il n'a nullement besoin de notre consentement pour nous faire humilier par ses prêtres, vexer par ses commissaires et dépouiller par ses nobles. Il ne lui manquait plus que de composer ainsi sa formule :

Louis XVIII, roi de France et de Navarre,

par la grâce de Dieu et l'ordre suprême du prince régent d'Angleterre.

Le titre de roi des Français n'exprimait pas assez l'étendue de ses pouvoirs; il voulait encore nous faire entendre qu'en lui soumettant nos personnes, l'Éternel lui avait aussi soumis nos propriétés; et, pour indiquer clairement ses droits sur les unes et les autres, il se nommait adroitement roi de France : il débute, comme on le voit, par se mettre tout-à-fait au-dessus des lois. Les tyrans ne marchent ordinairement qu'à pas lents vers le pouvoir despotique; mais le comte de Lille, qui n'a pas de temps à perdre, commence tout simplement par où finissent les oppresseurs du monde. Voilà ce roi philosophe, que des sots ont donné, dès qu'il a paru, comme un des hommes les plus dignes et les plus capables de gouverner : ils auraient dû ajouter un troupeau de dindons ou une société de chartreux.

Jusqu'à présent nous n'avons encore vu qu'un homme ridicule par ses prétentions; mais nous allons reconnaître en lui de ces égaremens qui ne permettent guère de douter qu'il ne soit quelquefois en démence.

Au bout de deux jours d'installation, ce

proscrit de 89 se donne modestement un règne de vingt ans.

Non-seulement en cela il fait voir que sa cervelle est nécessairement démontée, mais il montre encore l'intention formelle de dire aux Français que, lorsque leurs drapeaux triomphans parcouraient les capitales de l'Europe, et qu'ils forçaient les nations éperdues à reconnaître leur souveraineté, ils n'étaient que d'audacieux brigands que conduisait l'étendard de la révolte.

Si leur chef légitime était dans les armées qu'ils combattaient, ils devenaient évidemment de coupables rebelles; mais, non: ils ne l'étaient pas; le pacifique comte de Lille, qui se disait leur roi, n'était pas sur les champs de bataille : une retraite obscure recelait alors ce monarque inconnu dans les fastes du monde; la gloire qui, dans ces temps fameux, semblait veiller à la garde de nos camps, n'avait pas assez d'attraits pour entraîner sa grandeur royale au milieu de ces batailles que sa paisible philosophie lui fit toujours voir avec horreur.

Si ce rêveur de royauté n'a pas encore tout-à-fait perdu la raison, peut-il vraiment croire que le trône le suive dans tous les coins de son asile, et que, couvert des mépris dont sa fuite l'environne, il soit à Gand le chef de la France? Est-ce au peuple, qui le relègue dans les déserts de la Sibérie ou dans les maisons de plaisance de son protecteur insulaire, qu'il prétend persuader qu'il sera toujours son véritable roi.

S'il le croit, il faut qu'il ait de bien grandes dispositions à la foi : cette vertu évangélique lui donnera au moins une part au royaume des cieux, s'il n'a pas celui de France en partage; mais avec un~~e espérance~~ si facile, il pourrait bien ce me semble, ~~s'il était moins présomptueux~~, croire aussi que ses serviteurs et lui sont peut-être du nombre de ceux dont il est parlé dans ces passages touchans :

Deposuit potentes de sede...; et divites dimisit inanes. Il a renversé les grands de leur siége, et a réduit les opulens à la besace.

Quel est aux yeux du monde le chef d'un état? N'est-ce pas celui que reconnaissent solennellement tous les peuples? Était-ce à Louis XVIII que les puissances envoyaient leurs ambassadeurs? Était-ce avec ce roi fantastique que se réglaient les intérêts de la France?

S'il était notre roi, qu'était donc l'illustre héros que toute la nation nommait son empereur? Fera-t-il un chef de brigands du vainqueur d'Austerlitz, de ce héros qui, dans l'espace de dix ans, a fait plus d'honneur à la France que toute la race ensemble des Bourbons? Toute la terre a traité avec lui comme souverain, et lui-même a été obligé de le reconnaître comme tel par le traité de Paris. Il faudra donc, si les historiens ne perdent pas la tête comme le comte de Lille, que l'on trouve dans l'interrègne des Bourbons une certaine époque où l'on puisse le placer.

Si, depuis la mort de son neveu, Louis XVIII avait réellement été notre roi, il faudrait rapporter à son règne tous ces événemens mémorables qui, depuis son émigration, ont illustré la France; et cet homme, qui n'a jamais paru sur la scène du monde, serait sans contredit le plus illustre de sa famille: François I.er, Henri IV et Louis XIV ne seraient que de petits garçons auprès de lui. Ce serait là une plaisante manière de se faire un grand nom. Cette prétention est d'autant plus ridicule, qu'elle ne peut exciter sur son compte que des observations humiliantes.

Où est donc cette sagesse dont le gratifiaient si bénignement ses imbécilles partisans : *Vanitas vanitatum, omnia vanitas?*

Il avait annoncé une diminution dans les impôts, et, pour prouver la pureté de ses intentions, il les a augmentés d'une manière alarmante; il avait un cœur si paternel, qu'il ne voulait laisser à ses misérables sujets que les yeux pour pleurer et l'espoir d'un avenir plus heureux.

Grossir, au milieu de la paix, des impôts qui n'avaient été poussés si haut que pour subvenir aux frais d'une guerre sans exemple, demander continuellement de l'argent quand il n'y a plus de marine à entretenir et qu'un reste d'armée à payer; quand d'immenses travaux qui occupaient une foule de malheureux sont entièrement abandonnés, n'est-ce pas répandre de justes craintes et même révolter ceux dont on voulait faire le bonheur?

Il a réparé, dit-on, d'une manière admirable, l'outrage que le duc de Berry avait fait à un militaire : c'est ce qui ne paraît pas prouvé. L'offense était générale, parce qu'elle était partagée par toute l'armée, et la réparation n'a été que particulière, puisqu'elle n'a été faite qu'à celui qu'on avait personnellement outragé.

La manière dont cette réparation a eu lieu n'est-elle pas elle-même un nouvel affront fait à l'honneur français? C'est le procédé qu'on suit ordinairement envers un misérable que l'on vient de maltraiter, et à qui l'on donne quelques pièces de monnaie pour le faire taire.

Une offense d'ailleurs peut-elle être réparée un autre que par celui qui l'a faite. On doit donc dire que, dans cette occasion, Louis XVIII s'est comporté comme un homme qui n'a jamais connu les ressorts du cœur humain. Il devait exiger que son neveu réparât lui-même son emportement, et qu'il abaissât un instant sa grandeur imaginaire pour faire oublier cet outrage à toute l'armée.

En continuant, on s'aperçoit qu'il fait toujours le contraire de ce qu'il semblait se proposer, et cela n'annonce pas une grande pénétration de sa part. Il ne voyait jamais que le mauvais côté de ce qu'il entreprenait.

Il croit sans doute s'affermir en rétablissant la noblesse féodale; mais par cet acte imprudent il fait naître des rivalités qui vont ébranler son trône; il croit se donner des appuis, il ne fait que diviser un corps que tout l'engageait à réunir : la nouvelle noblesse était la seule que pouvait estimer et respecter la nation, parce que la plupart de ceux qui la composaient avaient rendu de grands services à l'état, et avaient même cimenté de leur sang les droits reconquis du peuple. Les anciens nobles, qui n'avaient pour eux que de méprisables titres, ne pouvaient être que des objets de dédain pour des hommes qui n'accordent leur admiration qu'à ceux qui se sont illustrés par quelques actions.

Ces nobles du roi Dagobert, qui, dans tout le cours de leur vie, n'avaient rien fait qui leur méritât ces honneurs qu'ils réclamaient, étaient cependant ceux qui manifestaient encore les plus grandes prétentions; ils affectaient envers les nouveaux nobles des hauteurs outrageantes, et s'en faisaient par là des ennemis irréconciliables. C'est ainsi que ce monarque mal-adroit détachait de sa cause des hommes qui d'un mot pouvaient entraîner toute l'armée.

Ces favoris de Louis XVIII connaissaient sa faiblesse, et en obtenaient tout ce qu'ils voulaient en le fatiguant par leurs importunités; à force de l'obséder, ils lui faisaient faire chaque jour une foule d'imprudences; leur cupidité était insatiable : honneurs, dignités et fortunes, tout allait bientôt leur appartenir; et la France devenait l'héritage de ceux qui l'avaient déchirée pendant vingt-cinq ans.

Ce rétablissement de la noblesse n'était pas seulement une erreur de sa politique; mais il était encore un abus de pouvoir qu'on n'avait pas dû lui permettre. C'est la nation elle-même qui avait détruit les distinctions parmi ses membres; et Louis XVIII ne pouvait pas les rétablir de son autorité, sans lui dire que tout ce qu'elle avait fait était illégitime, et qu'elle s'était même rendue coupable en portant atteinte aux institutions du despotisme. Cette noblesse a dû cesser incontestablement du moment qu'elle a été anéantie par la volonté générale; elle n'a donc été qu'un rêve de l'orgueil pendant tout le temps que ces nobles ont erré avec leur chef.

Que dans leur fuite ils se soient prodigués tous les titres de la grandeur, et qu'ils aient nourri la trompeuse espérance de reprendre sur nous les droits insultans que leur avaient transmis leurs ancêtres, cette erreur qui les flattait et les consolait n'a pas dû nous offenser; mais, à leur retour, ils n'ont pu nous donner leurs méprisables chimères pour des réalités, sans exciter contre eux un mouvement général.

Si l'effet n'existe pas avant la cause, la noblesse de Louis XVIII ne pouvait pas exister avant qu'il n'eût lui-même le pouvoir de la créer; cet homme, qui ne datait sur le trône que de quelques jours, ne pouvait donc pas faire remonter les actes de sa puissance à des époques bien reculées : d'où l'on voit qu'il est un peu difficile d'accorder sa conduite avec les indices de la raison. Il copiait mal ses modèles; les despotes qu'il voulait singer, ne heurtaient pas si ouvertement ce guide grossier, mais invariable, qu'on appelle le bon sens.

Il croyait sans doute qu'avec des promesses il nous fermerait les yeux sur sa marche tortueuse, et que, tout en arrivant au trône, il pouvait impunément fouler aux pieds la constitution; mais il s'est trompé : toute la France l'a deviné, et son hypocrisie n'a fait qu'éveiller les soupçons. Que pouvait-on penser d'un homme qui méprisait assez la nation pour ne pas daigner la consulter sur les changemens qu'il voulait faire à la constitution ? Ce n'était pas un législateur qu'on avait voulu prendre dans Louis XVIII : on ne le connaissait pas assez pour en faire le Lycurgue de la France. Etaient-ce ses compagnons de voyage, ne rapportant tous que des projets de vengeance, qui pouvaient nous donner de bonnes lois ? Ils étaient nos plus grands ennemis, et notre prospérité ne pouvait qu'irriter leurs ressentimens. Nous avions donc tout à redouter des mesures que prenait chaque jour ce roi sans caractère : on voyait clairement que son intention secrète était de nous ramener cet ancien régime dont le souvenir seul suffit encore pour alarmer toutes les campagnes. Le peuple, qu'on n'outrage pas toujours impunément, s'est vengé en abandonnant ce roi perfide. Il semblait n'être sur le trône que pour faire le bonheur de quelques familles; et c'est avec cette poignée d'hommes qu'il a eu la simplicité de se croire irrévocablement notre maître. Il n'est donc pas étonnant que, d'un mouvement spontanée, on se soit rangé sous l'égide du héros qui vient fonder les intérêts du trône sur la gloire et la félicité de la nation. Qu'ils apprennent de lui, ces misérables insensés, à respecter les droits des peuples : « Tout ce qui est fait sans vous, dit-il, est illégitime ; mes droits sont les vôtres ; c'est à vous seuls que je me ferai toujours gloire de tout devoir ». Ce langage est un peu différent de celui que nous tenaient les Bourbons. Que, d'après cet aveu,

Ils jugent, en partant, qui méritait le mieux
D'eux ou Napoléon l'empire de ces lieux.
Imitation de Zaïre.

Il a du moins assez de raison pour convenir que sa mission impériale ne lui a point été expédiée de l'Olympe par le grand Jupiter.

On ne conçoit pas trop quel était le but de Louis en mettant des restrictions à la liberté de la presse : rarement la vérité se fait entendre au pied du trône ; ses fidelles serviteurs ne résident que parmi le peuple : les courtisans sont trop intéressés à la cacher pour ne pas la déguiser au monarque. Il était donc de son intérêt, s'il voulait la connaître, de laisser libre la seule voie qui restât encore pour qu'elle lui parvînt. On lui aurait fait entrevoir le piége où pouvaient le conduire ses erreurs ; on aurait dévoilé les manœuvres de ceux qui cherchaient à l'égarer, et, si ses intentions étaient pures, il n'aurait pas été le jouet de la malveillance. Les entraves qu'il mettait à la presse n'assuraient que le triomphe de l'intrigue et de la calomnie.

Louis XVIII commençait, dit-on, à rappeler parmi nous cette douce félicité qui semblait nous avoir abandonnés pour toujours.

Quel esprit était donc assez pénétrant pour l'entrevoir ? Est-ce en nous donnant des craintes mille fois plus alarmantes que la présence même de l'ennemi, qu'il prétendait nous rendre heureux ? Pendant deux mois, ses journaux n'ont retenti que des cris de la vengeance ; les réactions s'organisaient sous ses yeux, et ce monarque inepte ne voyait encore rien à des étincelles qui s'étendaient déjà sur toute la France. En rendant aux émigrés des biens qui n'avaient pas été vendus, il faisait craindre qu'on ne reprît également ceux qui l'avaient été ; il s'imposait à lui-même l'obligation de les rendre ou d'indemniser leurs anciens possesseurs : mais où aurait-il pris de l'argent

4

pour le faire ? Aurait-il entièrement abusé de notre patience en augmentant continuellement les charges publiques ? On lui aurait sans doute dit : *Quousquè tandem*, à quel terme pensez-vous vous arrêter ? Aurait-il établi un impôt particulier pour acquitter cette dette de sa conscience ?

Mais cette mesure aurait été évidemment basée sur l'injustice la plus révoltante. Ces domaines ne sont pas entre les mains de la majorité ; la contribution qu'on aurait exigée de ceux qui n'en ont pas, n'aurait donc été qu'une exaction tyrannique.

De plus, parmi les gens qui n'en ont jamais possédé, il y en a qui, sans avoir abandonné leur patrie, ont perdu toute leur fortune. Pouvait-on avec justice prendre sur ceux-là pour enrichir cette foule d'émigrés qui assiégeaient le trône ?

Tel dont l'avoir était tout en contrats et qui a été remboursé en papier, n'a-t-il pas été ruiné tout aussi bien que ceux qui sont allés soulever l'étranger contre nous ? Ce moyen, qu'allait employer sa justice, ne pouvait donc que provoquer l'indignation générale contre lui. Par la seule raison que ces privilégiés ont porté les armes contre leur patrie, n'ont-ils pas perdu les droits qu'elle assure à ses enfans? Celui qui encourt la mort civile parmi nous, conserve-t-il des prétentions?

Croyez-le, si les Bourbons l'avaient osé, ils vous auraient dit ouvertement : Les vrais Français sont ceux qui nous ont accompagnés dans notre fuite, et vous autres, qui avez combattu pour votre indépendance, vous n'êtes que des rebelles dont les triomphes mêmes accusent la révolte. S'ils ne l'ont pas dit, ils l'ont assez fait entendre ; ils craignaient l'énergie de ce peuple qui, depuis quelques années, a montré tant de caractère : et cette crainte, qui était le seul frein qui les retînt encore, les forçait aux détours qu'ils prenaient pour s'assurer les derniers coups de leur vengeance. Ils ne doutaient déjà plus de la réussite, et leur attente n'eût point été frustrée si le ciel, qui ne se range pas du côté des pervers, n'eût tout-à-coup renversé leurs projets criminels.

De quel droit ces ennemis de la nation venaient-ils nous faire payer les dettes qu'ils avaient contractées dans leur exil pour soudoyer des armées contre nous? Employer des troupes étrangères pour nous remettre dans l'esclavage, n'était-ce pas acquérir des droits immortels à la haine des Français? Quoi! c'est au peuple qu'ils ont voulu égorger ou mettre dans les fers; c'est à cette misérable France, contre laquelle ils ont armé l'univers, qu'ils feront payer le prix de leurs fureurs? Par quelle fatalité serions-nous donc encore obligés de fournir nous-mêmes la récompense de leur crime?

La liberté nous appelle; ses cris portent l'éveil et la crainte dans le palais des tyrans: ceux-ci prévoient l'effervescence que cette reine des cœurs peut produire, et tremblent que ses accens ne retentissent au sein de leurs états. Pour arrêter ses premiers élans, ils arment contre nous, et déploient tout l'appareil du despotisme; la lutte commence, et les esclaves qu'ils présentent dans la lice sont vaincus; tout fuit à l'approche de nos guerriers; la cause de la liberté triomphe des efforts des tyrans, et ces vils oppresseurs viendraient nous arracher les débris de notre fortune pour payer ceux qui les ont servis! Si cette pensée ne révolte pas, je ne vois plus rien dont puisse s'offenser la raison.

Un trait manquait encore au tableau des Bourbons: un vol, peut-être sans exemple, devait mettre le sceau à leur réprobation.

Ces princes, dont le rang semblait garantir

la délicatesse, ont emporté jusqu'aux diamans de la couronne. Ces objets ne pouvaient être enlevés que par un de ces attentats qui n'échappent jamais au souvenir des hommes : car ils n'appartiennent pas plus à la dynastie régnante, que les vases sacrés des églises n'appartiennent aux prêtres qui les desservent. Les ornemens de la couronne ont existé avant l'intronisation des Capets; ils doivent donc y rester après leur déchéance, à moins qu'ils ne supposent que sans eux nous ne puissions plus avoir de trône. C'est bien ce qu'ils s'imaginent en effet : ils croient que, sans les Bourbons, il n'y a point de peuple français.

Le résultat de la conduite qu'ils ont tenue parmi nous, quoique un peu fâcheux pour ces princes, n'a cependant rien, comme on le voit, d'extraordinaire.

Si, lorsqu'ils croyaient respirer sous le plus beau ciel, ils se sont vus emportés par un orage, ils ne le doivent qu'aux machinations de leur perversité ; ils n'ont voulu assurer que les intérêts de leurs protégés : cette prédilection outrageante a révolté tous les cœurs contre eux, et l'empire de l'injustice n'a eu que la durée d'un moment.

Transivi et ecce non erat :
Je n'ai fait que passer, il n'était déjà plus.

Comment voulaient-ils qu'on tînt à leur parti, quand les plus modérés des nobles demandaient des indemnités, et que les autres demandaient une remise entière des domaines qui avaient été vendus sous la garantie de la loi?

Comment voulaient-ils qu'on tînt à leur parti, quand des curés et d'anciens seigneurs réclamaient ouvertement des dîmes que la jeunesse d'à présent n'a jamais connues?

Comment voulaient-ils qu'on tînt à leur parti, quand ce roi, incontestablement perfide, autorisait par son silence ces bruits alarmans, et entr'ouvrait lui-même la porte de l'espérance à tous les émigrés?

Non, non : avec une semblable conduite il n'était pas possible qu'on s'attachât à des princes de si mauvais augure.

Que Châteaubriant, cet oracle des enthousiastes, leur prodigue à son gré l'encens d'un esclave à son maître : avec toute sa verve, il n'en imposera plus à la foule détrompée. A qui persuadera-t-il que l'obscurité de son roi des déserts est au-dessus de la gloire du guerrier fortuné qui charme et ravit tous les cœurs? Si les écarts de ce héros ont quelquefois alarmé la patrie, la libéralité de ses intentions et la grandeur de ses ressources nous font concevoir pour l'avenir les plus hautes espérances.

Quand même Louis XVIII aurait eu des intentions aussi généreuses qu'elles étaient criminelles, il n'aurait jamais pu faire notre bonheur, parce qu'il n'est pas capable d'embrasser toutes les parties d'une vaste administration, et que sa grande insouciance l'empêcherait toujours de surveiller ses ministres.

On agitait en sa présence mille questions qui tendaient à troubler l'état, et ce n'a été que lorsque le désordre est devenu général qu'il en a reconnu le danger. La dernière insertion qu'il a faite dans les journaux, et par laquelle il nous dit qu'il punira les ministres qui lui parleront encore des domaines nationaux, prouve évidemment que, s'il n'était pas un fourbe, il était au moins le plus imprévoyant des hommes. Mais la vérité est que ses voyageurs d'outre-mer lui persuadaient qu'étant appuyé des meneurs il n'avait rien à redouter, et qu'il pouvait aisément ramener cet ancien ordre de choses où le peuple n'était fait que pour les grands. L'envie d'effacer toutes les traces de la révolution, le plaisir de régner comme ses ancêtres avec l'indépendance des despotes, la douceur de se voir entouré de la reconnaissance des amis de son trône, égaraient totalement sa raison, et lui faisaient préparer un nouvel exemple de la vanité des grandeurs.

Pour nous donner ce qu'il appelait de la morale, il voulait arrêter le progrès des lumières, et nous faire rétrograder vers ces temps d'ignorance où ses coupables aïeux rivaient si facilement les fers de nos ancêtres. Nos opinions devaient être dirigées vers d'autres objets, et ce que nous avons admiré dans nos temps d'enthousiasme, ne devait plus obtenir qu'un mépris général. Le bouillant amour de la gloire devait être traité de fureur, et le desir de s'illustrer allait passer pour une ambition criminelle. Dira-t-on que c'est gratuitement qu'on lui prête ces funestes intentions, quand il souffrait qu'on empoisonnât publiquement ces faits immortels que le monde étonné ne contemple qu'avec admiration ?

Des monumens allaient s'élever pour attester aux générations futures que nous avions trempé nos mains dans le sang de nos malheureux frères, et le burin de l'histoire, dirigé par ses ordres, allait graver sur le bronze le souvenir des crimes qu'il imputait à nos fureurs. C'est par ces outrages révoltans que ce roi le bien-aimé voulait établir notre gloire. Des humiliations sans nombre s'offraient à nos regards de tous côtés ; la certitude d'une existence affreuse remplaçait enfin cet espoir de bonheur qu'il avait fait naître dans nos ames ; la France, qui s'était vue couverte de toutes les espèces de gloire, avait perdu sa considération à l'extérieur, et cette maîtresse des nations était devenue tributaire des peuples qu'elle avait vaincus. Où était donc cette félicité qui devait rallier tous les cœurs autour des Bourbons ?

Louis XVIII va, dit-on, au congrès réclamer la protection des souverains alliés.

Mais quelle raison plausible peut-il leur présenter ? Ils ne se sont prononcés pour les Bourbons que parce qu'ils ont cru que le peuple les demandait, ou que ces princes auraient au moins le talent de se concilier l'esprit de la nation ; ils n'ont surement pas voulu nous donner des maîtres de leur choix : quand on tremble au milieu de ses triomphes, on ne pousse pas si loin ses prétentions. Les ennemis n'ont pas fait un pas sur le sol de la France qui n'ait indiqué le sentiment de leur frayeur. Ils ont pu humilier un instant le gouvernement, parce que, dans les jours de sa force et de sa prospérité, il avait éloigné de lui la nation. En séparant imprudemment ses intérêts des nôtres, il avait éteint lui-même le feu sacré du patriotisme, et l'indifférence qu'il nous avait inspirée réduisait son trône à de faibles appuis. Deux corps divisés d'opinions composaient alors l'état : le peuple et l'armée.

L'armée, déjà trop peu nombreuse pour arrêter le torrent qui le menaçait, fut encore affaiblie par des défections particulières, et Napléon fut entraîné dans l'abîme : mais si en 1814, il avait été l'homme de la patrie, comme il l'est en 1815, le peuple aurait sans doute, malgré cette masse d'étrangers qui affluaient dans la France, épargné à sa gloire le terrible revers qui changea sa fortune.

C'est donc moins à leurs efforts qu'on doit imputer ce triomphe éphémère des puissances, qu'à l'indifférence qu'on éprouvait alors pour des entreprises qui semblaient étrangères au bonheur de la nation ; mais à présent c'est tout autre chose : ce sont les droits du peuple qu'il s'agit de défendre et d'asseoir sur des bases éternelles, et c'est un pouvoir purement constitutionnel que réclame aujourd'hui le gouvernement ; en un mot, la cause de Napoléon est celle de tous les Français. Les partisans du comte de Lille n'en ont pas si bonne opinion; à les entendre, il va rentrer au premier jour dans sa capitale, à la tête d'une armée victorieuse; et lui-même en est si persuadé, qu'il conserve auprès de lui tous les grands dignitaires de son royaume, et que le service de sa cour se fait à Gand comme il se faisait au palais des Tuileries. Ses relations avec les puissances n'ont pas changé de caractère : Guillaume, Alexandre et le régent d'outre-mer, lui conservent toujours le titre de roi, qu'ils se chargent de lui garantir.

Il est donc assuré de ressaisir le sceptre de ses pères. Comment, en effet, ne remonterait-il pas sur leur trône, vous disent ces hommes à grandes espérances, qui règlent entre eux tous les événemens? Douze cents mille Hanovriens, Cosaques, Baskirs, Croates et Pandours, le ramènent sur un char de triomphe, et ses nombreux amis qui sont en France lui préparent déjà l'avenue du Louvre. Toute l'Europe accourt pour le venger : et vous prétendez, misérables enthousiastes, résister à tant de forces qu'on déploie de toutes parts contre vous! Sans argent, sans armes, sans cavalerie, quel est donc votre espoir ? S'il peut encore vous en rester, quel en est le fondement? La valeur française et l'amour de la patrie ! Quand toute la France est couverte de soldats qu'anime cette ardeur qui forme les héros, quand ce peuple, déjà tant de fois vainqueur, a juré la mort des barbares qui oseraient souiller son territoire, on nous demande s'il nous reste encore de l'espoir? Eh bien ! que ceux qui nous croient entraînés par de fausses apparences, sachent qu'il nous reste au moins celui de mourir, si l'étranger doit donner des fers à notre patrie.

Malheureux partisans d'une erreur qui peut vous être funeste, ne voyez-vous ~~pour vous~~ que les chances heureuses de la fortune ? Quelle est donc cette orgueilleuse présomption qui vous fait tout voir d'un œil si flatteur, qui ne vous montre que des triomphes où peut-être vous ne trouverez que des défaites ? Si vous avez pour vous les despotes du Nord, les amis de l'indépendance ont pour eux les braves qui iront les combattre ; et vous verrez encore parmi nous assez de monde pour punir les attentats de ceux qui pourraient ~~encore~~ méditer l'esclavage et la ruine de leur pays. Quoi!

c'est à ceux qui ont vu la déroute de toutes les nations, que l'on veut faire entendre qu'à l'aspect de cet amalgame de peuples divisés d'intérêt et d'opinion, nos phalanges, autrefois si terribles, vont prendre la fuite et livrer nos belles provinces à la disposition de leurs vainqueurs? Jugent-ils donc de la conduite des patriotes par celle qu'ils ont tenue envers Louis XVI et Louis XVIII? Qui promettait plus qu'eux? Quand il s'agissait d'obtenir des faveurs, ils étaient tout à leur roi ; et, quand leurs maîtres ont eu besoin d'eux, ils n'ont trouvé aucuns bras pour les servir.

N'auront-ils pas un jour quelque ressemblance avec l'infortunée reine de Carthage, et ne trouvera-t-on rien qui leur soit applicable dans ces vers qu'on lui adresse?

> Pauvre Didon! où t'a réduite
> De tes maris le triste sort?
> L'un en mourant cause ta fuite;
> L'autre en fuyant cause ta mort.

A la chute de Louis XVI, ils en ont été quittes pour quelques voyages : la fuite de Louis XVIII ne leur coûtera-t-elle pas plus cher? C'est ce que l'avenir seul peut nous apprendre. Puissent leurs illusions ne pas les exposer à des suites trop funestes! Qu'ils ne s'y trompent pas, les Autrichiens finiront par se mettre de notre côté, et les autres nations se trouveront fort heureuses d'obtenir la paix qu'on leur demande aujourd'hui. Si le héros de la France ne se livre plus aux appâts de l'ambition, et qu'il ne prenne conseil que des amis de la patrie, il sera mieux que jamais assis sur son trône : car il est incontestable qu'il n'a dû ses malheurs qu'à lui-même. Louis XVIII n'obtiendra donc de sa démarche aucun résultat favorable à sa cause. Les puissances savent trop bien ce qu'il leur en a coûté pour avoir voulu se mêler de nos affaires; elles pensaient autrefois qu'il suffisait de se présenter pour faire rentrer dans l'ordre un peuple qui veut sa liberté; et cette erreur leur a été funeste. Elles ont voulu resserrer nos chaînes, et nos armées victorieuses les ont fait trembler jusqu'au sein de leurs capitales. Ces souvenirs nous autorisent à penser que, plus sages désormais, elles ne s'engageront plus avec la même légéreté dans une entreprise aussi périlleuse.

Au reste, quel que soit le parti qu'elles prendront, nous devons tenir pour certain que les efforts combinés de la France triompheront encore des coupables essais qu'elles pourront faire contre nous : prenons-en pour garant l'assurance que nous en donne l'heureux guerrier qui veille sur nos destinées. S'il faut combattre pour la liberté, nous dit-il, la victoire marchera au pas de charge, et nos ennemis dispersés rendront hommage à la sainteté de notre cause.

Rapprochons les faits, et comparons un instant la conduite des Bourbons à celle de Napoléon.

Quelles actions ont fait ces princes pour mériter notre estime et notre confiance ? Quels sont leurs titres pour s'asseoir sur le trône qu'a relevé l'illustre guerrier qui nous gouverne ?

Leurs pères en avaient un ; mais il est tombé dans la lutte de la liberté contre la servitude. Dès que, pour réclamer ses droits, le peuple a pris une attitude menaçante, ils ont, par une fuite honteuse, porté leur rage au-delà des frontières ; pendant vingt ans ils ont stipendié des soldats pour nous asservir ; et ce n'a été que sous l'appui formidable de toutes les nations liguées contre nous, qu'ils ont pu remettre les pieds sur cette terre qu'ils appellent leur héritage.

La prévention était si forte contre eux,

que, pour en arrêter les premiers effets, ils ont été obligés d'employer toutes les ruses de l'intrigue, et si les malheurs d'alors n'avaient concouru à leur livrer nos espérances, leur triomphe restait encore incertain.

Replacés à la tête du gouvernement, ces misérables princes, si peu versés dans l'art de connaître les hommes, prennent la joie qu'inspire l'attente du bonheur pour l'expression d'un amour véritable : toujours trompés par la suggestion de leur orgueil, ils ont cru que tout se rattachait à leur cause, quand une crainte salutaire en éloignait déjà presque tout le monde.

Ils nous ont crus assez lâches pour nous contenter de la constitution qu'il leur plairait de nous donner; aussi n'ont-ils accepté la nôtre qu'après y avoir fait tous les changemens qui ont pu leur convenir.

Louis XVIII, ce roi philosophe qui depuis quarante ans médite sur le caractère des peuples et les révolutions des empires, croyait qu'avec des ordonnances on pouvait changer les opinions nationales, et qu'un édit aurait encore aujourd'hui sur nous le pouvoir qu'avait autrefois une décrétale.

Tout change avec le temps, et peut-être autrefois
J'aurais pu révérer de méprisables lois ;
Mais ces vieux préjugés sur moi n'ont plus d'empire ;
Trouvez d'autres attraits qui puissent me séduire.

Pour mieux s'assurer de notre docilité, il voulait nous faire aimer ce repos qui fait tout son bonheur, et pour cela il rejetait toutes les idées sublimes qui nous avaient élevés au-dessus des autres peuples. Le faux zèle de la religion, sous sa main protectrice, préparait déjà le rétablissement des cloîtres, et le clergé, dont il appuyait la morgue, allait se joindre à la noblesse pour consolider leur empire ; encore un pas, et ce directeur tyrannique des consciences rétablissait parmi nous l'intolérance des cultes.

Tout annonçait enfin que, sous l'influence de cet ardent zélateur, on pourrait voir renaître toutes les persécutions des temps fanatiques.

Heureusement que le père des humains punit quelquefois, d'une manière un peu frappante, l'hypocrisie sacrilége de ces oppresseurs qui se servent de son nom pour établir leur puissance. Si les Bourbons retournent dans leur exil, c'est probablement par l'ordre du ciel. Qu'ils aillent sur les bords de la Tamise ou du Volga entretenir leurs protecteurs des titres pompeux de leur naissance, et qu'avec les richesses qu'ils ont emportées, ils achètent encore les soldats des tyrans, ils retrouveront sur la terre de la liberté des millions de bras prêts à les combattre.

Pour avoir une idée des grandes ressources de Louis XVIII, qu'on juge des moyens méprisables qu'il a employés dans les derniers momens de sa puissance. Lorsque de tous côtés on s'était déjà rangé sous les drapeaux de l'honneur, il publiait, pour entretenir l'erreur de sa capitale, que Napoléon, dont la terrible influence a renversé son empire, ne pouvait plus échapper aux mesures qu'il avait prises pour le faire arrêter. Le croyait-il sincèrement? Sa foi tenait alors de la simplicité, et l'on est forcé de convenir qu'il est encore bien loin de connaître les enfans de la révolution. Ceux qu'il envoyait contre le souverain de l'île d'Elbe, pouvaient-ils le combattre, quand tout ce qu'ils avaient de plus cher leur faisait un devoir de célébrer son retour.

D'après tout ce que l'on vient de voir, peut-on s'étonner qu'on ait pressé de toutes parts le renversement des Bourbons? Des hommes qui n'ont connu que le code de l'esclavage, sont trop éloignés de nos institutions pour nous gouverner avec la dignité qu'exige un peuple libre.

Il nous faut un chef qui, pénétré du droit imprescriptible des peuples, nous attache à sa fortune, en liant ses intérêts aux nôtres; il nous faut un chef qui ne voie pour lui d'autre grandeur que la gloire et la prospérité de ceux qui l'ont placé à leur tête.

Tel est l'homme, en un mot, qu'on a choisi pour maître,
Et que tout l'univers doit un jour reconnaître.

(Trag. de *Mahomet*.)

On le traite d'usurpateur; il n'a, dit-on, régné sur la France qu'en violant les lois de la succession et de la légitimité. Peut-on s'imaginer que des hommes qui font de cette succession leur terrible boulevard, puissent à soixante ans s'appuyer d'un semblable raisonnement? Quoi! ne sait-on pas que la seconde race a ravi le trône à la première? Qu'un Carlovingien, d'accord avec un pape nommé Zacharie, a fait raser et renfermer un Childéric, dernier roi de la première dynastie? D'après les principes des partisans frénétiques des Bourbons, tous les descendans de Charles Martel n'ont été que des souverains illégitimes : les Capets qui leur ont succédé n'avaient donc pas des droits bien respectables ? Mais, si l'usurpation est elle-même une injustice, leurs droits sont encore plus horribles que ceux des Carlovingiens, car leur Hugues Capet a lui-même escamoté la couronne à Charles de Lorraine : ils sont donc doublement usurpateurs. Ce sont là cependant les monarques que les orateurs des petites coteries nous présentent comme les seuls légitimes; à entendre les curés des campagnes, et ces hommes qui dans la ville affectent un air de savant, on croirait qu'une race n'a monté sur le trône qu'à l'extinction de celle qui l'avait précédée, et qu'on a toujours conservé le plus grand respect pour les droits de la dynastie régnante. S'ils le croient, que pensera-t-on de leur ignorance, et s'ils cherchent à tromper, ne méritent-ils pas tout le mépris que ne peut manquer de leur attirer une conduite aussi criminelle?

Napoléon n'aurait-il, pour réclamer le trône, d'autre titre que cet heureux don d'enflammer tous les cœurs et de réunir les esprits, il l'emporterait déjà de beaucoup sur des princes qui divisaient la nation. Mais peut-on méconnaître ce généreux dévouement qui le transporte du sein de son rocher au milieu de la France, pour assurer nos droits? Ne se rappelle-t-on pas qu'en d'autres temps, ce puissant génie nous a déjà délivrés des horreurs de l'anarchie par un de ces coups qui semblent n'être réservés qu'à son heureuse audace ; qu'après de longs orages il a fait luire sur notre triste patrie les premiers rayons de la félicité publique, et que, dans un temps, il a porté la splendeur de la France au-dessus des plus beaux siècles. Mais laissons un instant ces souvenirs glorieux qui s'attachent à son nom, et considérons cette fortune étonnante qui le rend encore à présent plus admirable que jamais.

Dans les jours éblouissans de sa prospérité, il se livra trop légèrement aux illusions de sa fortune, et du plus haut degré de splendeur il fut précipité dans le néant. Son heureuse étoile lui montre de nouveau le chemin des grandeurs ; et, guidé par elle, il reparaît tout-à-coup dans les champs de la gloire. La promptitude avec laquelle il rentre dans sa capitale, semble supposer dans cet homme extraordinaire quelque chose de surnaturel ; l'histoire parlera de ce retour, dont ses fastes n'offrent pas de modèle, et en fera le trait le plus frappant de sa vie, quoique l'ensemble ne puisse déjà paraître qu'un amas de prodiges fabuleux.

Cette marche rapide et triomphale, qui le ramène au milieu d'un peuple tout étonné de sa téméraire entreprise, excite tant d'admiration, que par-tout on se précipite sur son passage ; soldats et citoyens, tous se livrent à l'enthousiasme qu'inspire sa présence : la France entière l'aurait rappelé de son exil, qu'elle n'aurait peut-être pas montré plus d'empressement à le recevoir.

En dix-huit jours, ce héros a reconquis, avec une poignée de braves, un trône que les intrigues et la perfidie lui avaient arraché; son nom seul, plus fort que des armées, a suffi pour ramener sous ses bannières tant de fois triomphantes, tous les partisans de l'honneur et les vrais amis de la patrie; l'aigle, comme il l'avait annoncé, a volé de clocher en clocher jusqu'aux tours de Notre-Dame ; en un instant la cocarde blanche a été foulée aux pieds, et les couleurs nationales ont flotté sur toutes les parties de l'empire.

Son apparition a changé presque tous les cœurs ; et, par un enchantement inconcevable, ceux que l'on croyait le plus attachés à Louis XVIII, sont ceux qui les premiers ont abandonné sa cause.

Napoléon est enfin replacé sur le trône; la France entière applaudit à cet événement inattendu; c'est un empereur proclamé par le peuple; et Dieu qui protège ses enfans ne désapprouvera sans doute pas sa conduite.

Dans l'agitation où se trouve encore l'Europe, nos intérêts et notre gloire ne pouvaient être dignement défendus par des princes que leur reconnaissance et leurs dettes mettent à la merci de l'étranger. Après les revers qui nous ont humiliés, il nous faut à présent, plus que jamais, le bras d'un héros pour venger les affronts faits à l'honneur national.

Le voilà ce héros qui fait ton espérance;
Soutiens-le, ma patrie, ou tu reprends tes fers:
Car, pour mieux assurer les coups de leur vengeance,
Contre toi les Bourbons arment tout l'univers.

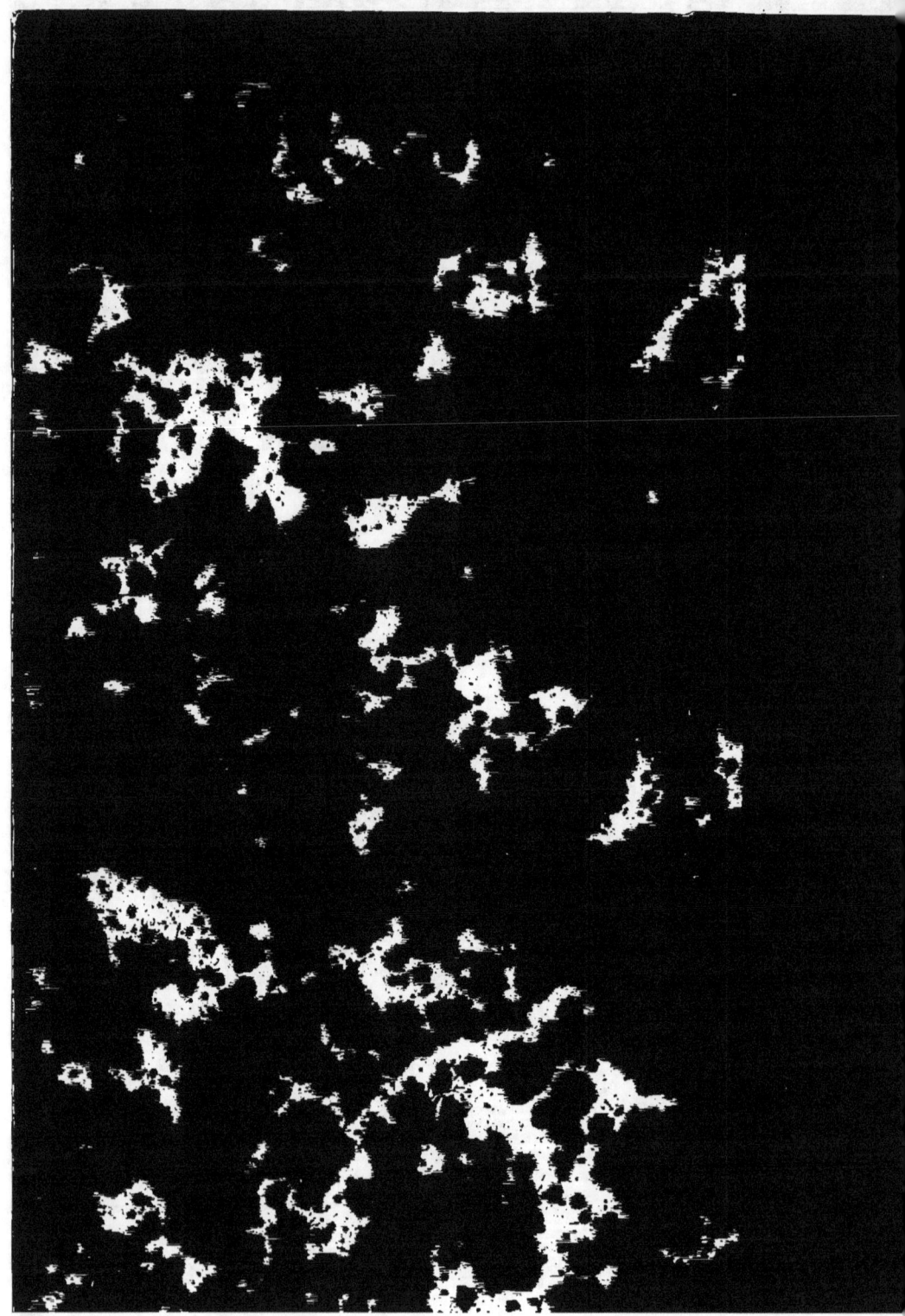

www.ingramcontent.com/pod-product-compliance
Lightning Source LLC
LaVergne TN
LVHW020946090426
835512LV00009B/1729